Ser longe

Ser longe
poemas
FERNANDO MOREIRA SALLES

desenhos de
IOLE DE FREITAS

Copyright dos poemas © 2003 by Fernando Moreira Salles
Copyright dos desenhos © 2003 by Iolé de Freitas

CAPA E PROJETO GRÁFICO
Raul Loureiro

REVISÃO
Ana Maria Barbosa
Isabel Jorge Cury

Dados Internacionais de Catalogação na Publicação (CIP)
Câmara Brasileira do Livro, SP, Brasil

Salles, Fernando Moreira
    Ser longe : poemas / Fernando Moreira Salles — São Paulo :
Companhia das Letras, 2003.

    ISBN 85-359-0442-5

1. Poesia Brasileira   I. Título

03-6345   CDD-869.91

Índice para catálogo sistemático:
1. Poesia: Literatura brasileira 869.91

[2003]

Todos os direitos desta edição reservados à
EDITORA SCHWARCZ LTDA.
Rua Bandeira Paulista 702 cj. 32
04532-002 – São Paulo – SP
Telefone: (11) 3707-3500
Fax: (11) 3707-3501
www.companhiadasletras.com.br

Para Lucas e André
primeiros versos

e

à lembrança de meu pai
lendo *The Ballad of Reading Gaol*

*Tão limitado, estar aqui e agora,
dentro de si, sem poder ir embora*

Paulo Henriques Britto

Górdio	13
Confiteor	14
Triz	17
Oração	19
Aspetta il baritono	21
Memória	23
Hubble	24
Um por vez	26
São Sebastião	29
Embarque	31
Eco	32
Noturno	34
Madeleine	37
Parati	38
Habite-se	41
Rio Kwai	42
Amaro	44

47	Sem estrelas
48	Espelho
50	Ao caminhante
53	Em tempo
55	Cuco
57	A Caronte
58	De águas moles e duras pedras
60	Metempsicose
63	Frango
65	Passarinhando
66	Capri
69	Perfeição
71	Chumbo
73	Espera
74	Lavra
77	Talho
79	*A ilustradora*

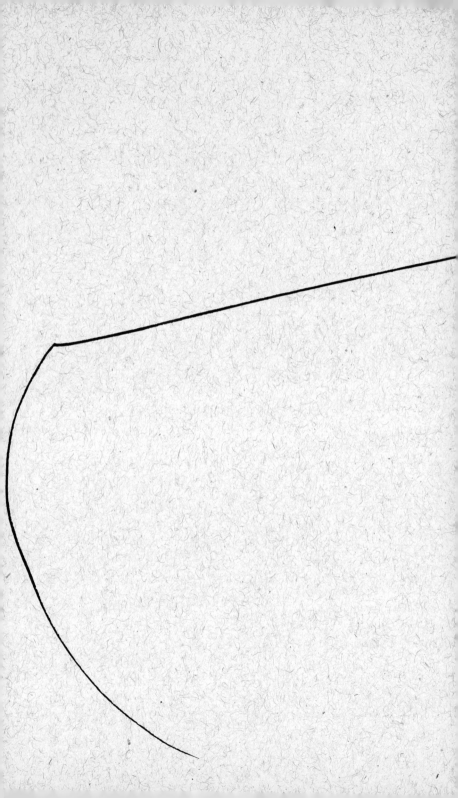

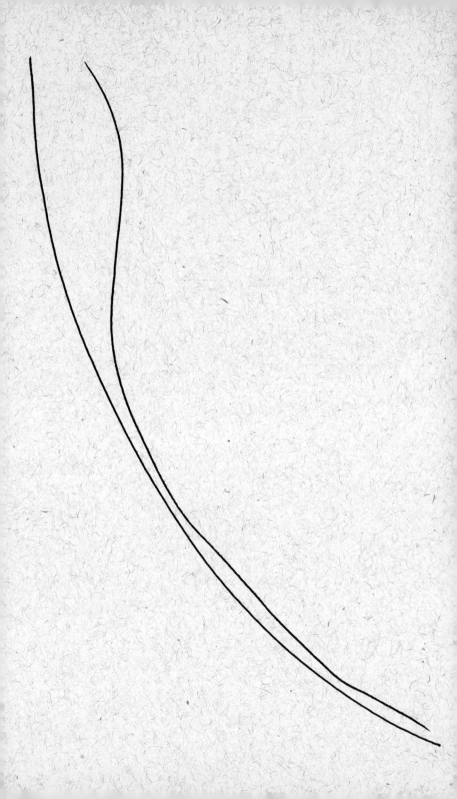

GÓRDIO

Antes de mim,
comigo
dor baça da infância
em cada mão, cada talho
a febre do afago

Do chumbo das lousas
mil bilhas coloridas
no tropel desabalado
pela seda dos balões

E no eco das calçadas
e na goma dos lençóis
e na tinta pela folha
foi-se em medo, sempre medo

Frente a mim,
comigo
em cada vão, cada fresta
só
o nó do tempo

CONFITEOR

Quero
o gesto breve
qual o pouso da mão
que dá forma às nuvens
e afaga o olhar

Busco
o murmúrio da tarde
o espanto das crianças
que pisam canteiros
e aprendem a rezar

Tenho
já o gosto da noite
o perfume de um lírio
tudo enfim e só
o que quer o Deus

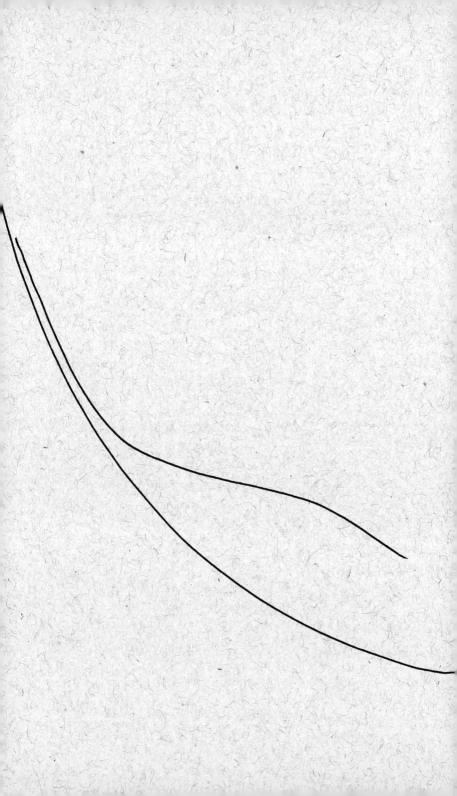

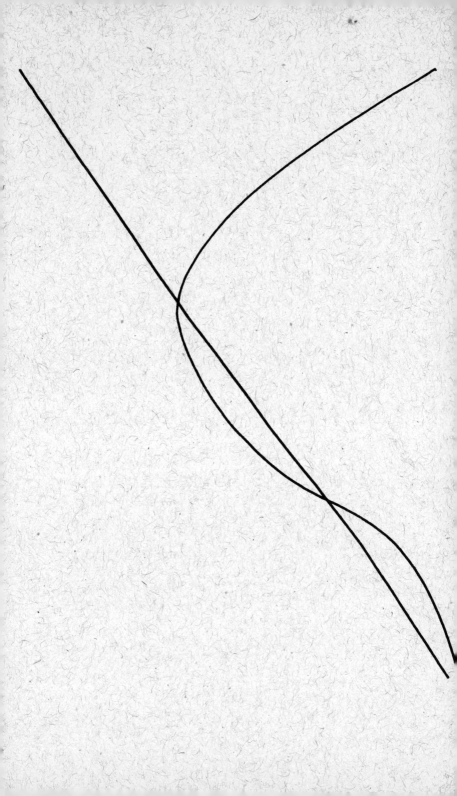

TRIZ

Ínfima flor
entre escombros
lasca de vida
só e ali

força de ser
a todo custo
delírio e desejo
em caule só

trêmula cor
em meio a nada
te colho
como és

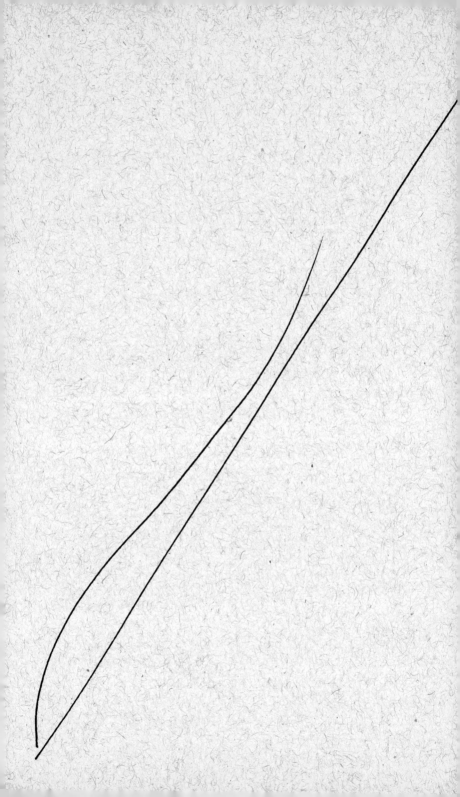

ORAÇÃO

Uma ausência terna
uma dor já fosca
e um pequeno frio
entre agora e daqui a pouco

Quase um triz
a cada dia
só o que baste
a alongar a noite

Já não é bem nossa
aquela dor
mas já não somos
sem sua mão

ASPETTA IL BARITONO

Não,
não tenho outra voz
além da que calo
Só que essa
é sua

MEMÓRIA

Lembrar
é ser longe

HUBBLE

Verso meu
calado
sopro amargo
perdido em mim
aventura
noite adentro
estrela extinta
luz
que não chega a ti

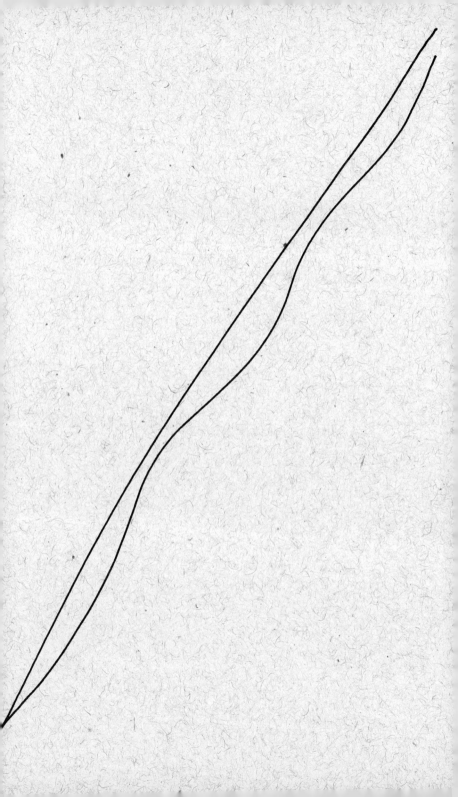

UM POR VEZ

Bem sei
o que resta
é só instante

Quero ir-me
antes que tarde
sem rastro
sem sussurros

Bem sei
falta descer
sem tristeza
no quieto mergulho

Mas Senhor, não sei
lá verei
a quem se foi?

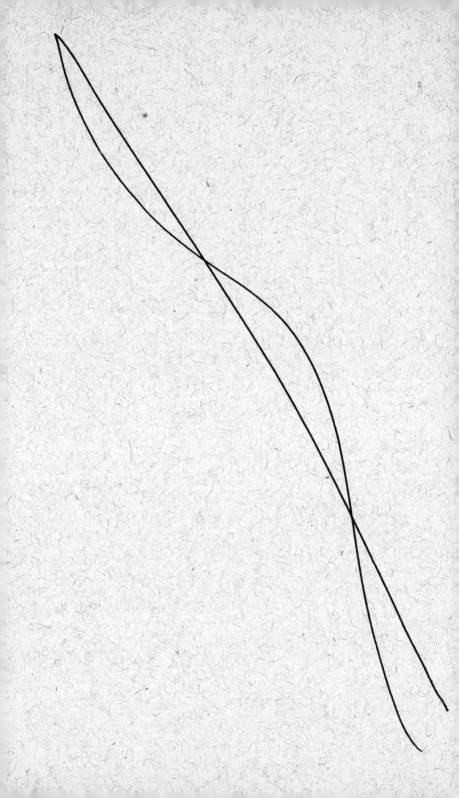

SÃO SEBASTIÃO

De tantos punhais
que trago no peito
daquele grão
que o vento soprou
de amores outros
que não vivi
e de todos os medos,
    do sempre
    do nada
    de mim
Mais medo, aquele
de ainda lembrar

EMBARQUE

Não é hora
nem nada, não
Mas vou
Por que aqui, agora?
Com este corpo
este verso
e a alma pouca?
Mas vou,
vou sem demora
porque já basta
porque é tempo
E vou,
enquanto lembro
mais esta hora
de tua mão

ECO

Nem trova
nem reza
À volta
seu silêncio
É dele
meu caminho?

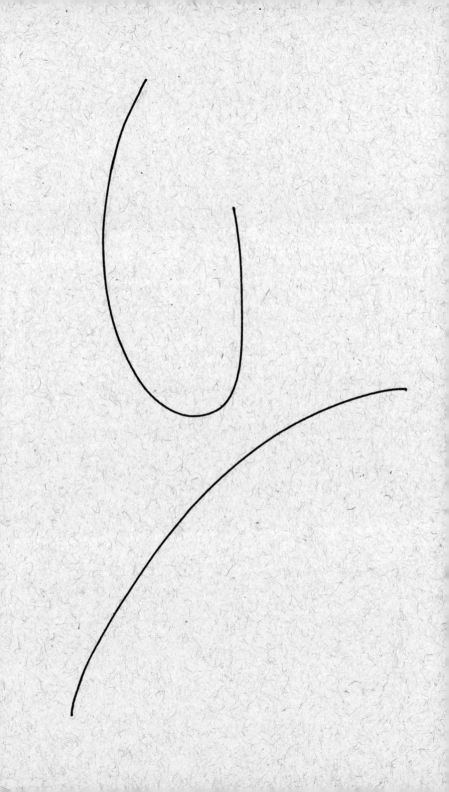

NOTURNO

Mais esta vez
a febre antiga
sonho, lembrança e olvido
nos olhos fundos
que a noite traz

Tudo o que foi
ou ainda escapa
mãos dadas, espalmadas
como crianças
na casa escura

O que nos resta
o raso medo
que as tristes, vagas estrelas
que ainda vemos
não sejam mais

MADELEINE

Que torne
com paleta e pincel
e mesmo breve
lance seu feitiço

Que torne
com anil e mel
e hoje – desta vez
pinte o rosto desta hora

PARATI

> *Parecia uma sombra*
> *Você quis abraçá-la*
> *E era eu*
>
> Pedro Salinas

Nunca te enganei
com minha canção
Ou só às vezes
quando tive medo
ou muito frio
Sempre te olhei
do fundo do olho
e sottovoce
mostrei
o resto de carne
o turvo desejo
e sonhos e sombras
escuro lago
rodamoinho
onde podes nadar
menina,
se me quiseres

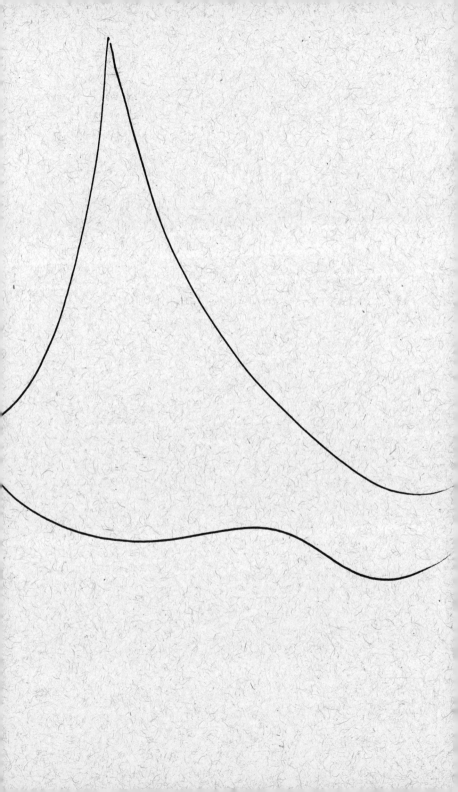

HABITE-SE

Indo
vindo
a obra
    minha
minha
    dor
o resto
    é verso

RIO KWAI

Sol desperto
não me verás partir
punho cerrado
o orvalho da noite
no sulco da mão
e já rouco
do que calei
rego o verso amargo
    gume e aresta
    é teu e o fiz
é hino de marcha
sem tambor nem fanfarra
pra dar a cadência
ao descer a ravina
com o pouco que resta
o cantil de cicuta
e o que já esqueci

AMARO

Aquele frio
gole de fel
só um átimo
no travo de sempre

E aos poucos parte
porque é tempo
já que o resto
teima em ficar

Além de tudo
até lá
sempre, só
estar a caminho

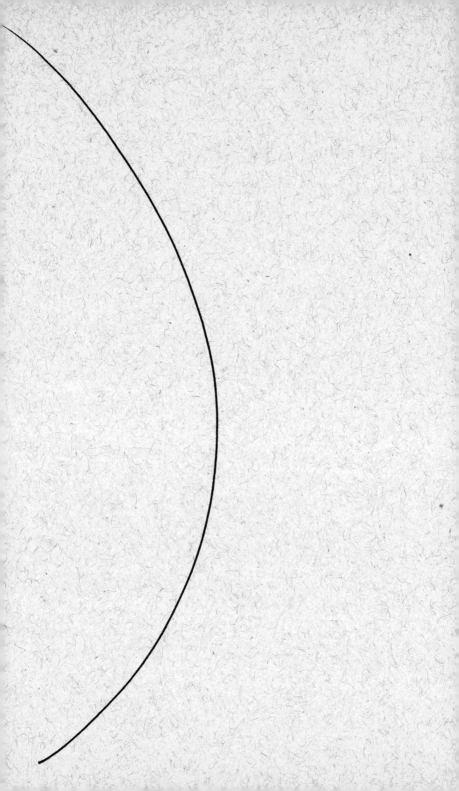

SEM ESTRELAS

Que fazes ali
filho da noite
alma escura
olhando a parede?

Que fazes ali
irmão esquerdo
que horizonte aquele
onde canta a besta?

ESPELHO

É,
mais esta vez
evito o olhar
do vidro polido

Lá,
o morno cansaço
minhas velas furadas
de tanto vagar

AO CAMINHANTE

Só às vezes, à noite
Se pensa conhecer o caminho

R.M. Rilke

Segue adiante, menino
qual seja o caminho
sem perder a certeza
que não temos destino
nem queremos chegar

Segue adiante, menino
já que o passo consola
e a beleza te toca
nem que seja uma vez
com o dedo do Deus

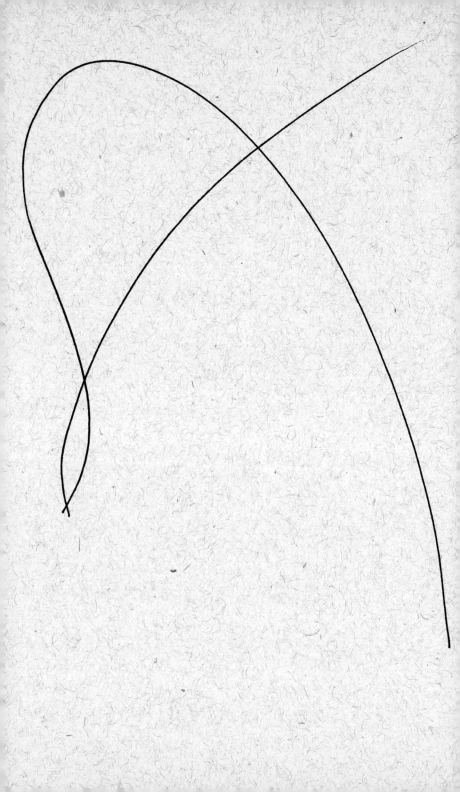

EM TEMPO

Bom teria sido
avisar a andorinha:
Tudo se fará sem ti
até mesmo o verão.
E a vertigem do teu vôo
é o que é. Nada mais

CUCO

Dar tempo ao tempo
diziam eles
graves, doutos
de tanto saber

Nunca entendi
se ao tal tempo
outra coisa
se pode dar

E afinal
sei,
o tempo toma
sempre,
tudo que quer

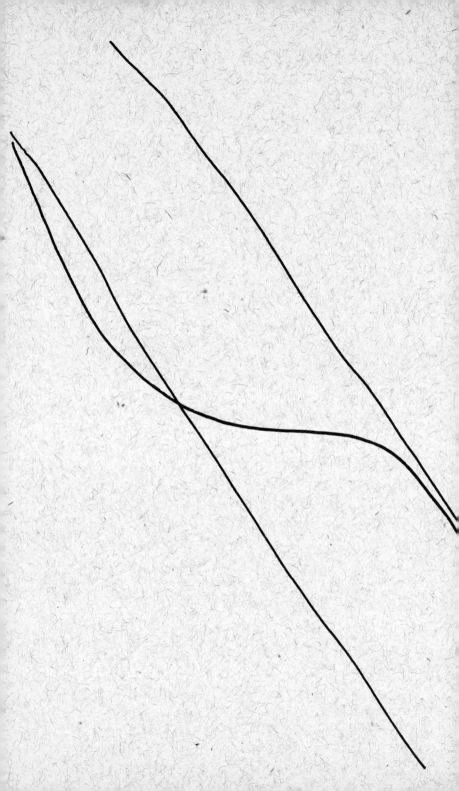

A CARONTE

Não falta quem diga
pressuroso, entredentes
que meu passo é pouco
indeciso e fraco
nas calçadas quebradas
do nosso caminho.
E também advirta
bom amigo que é:
meu olhar é disperso
não mostra o que piso
perdido que está
na lembrança – só minha
de sonhos antigos
em tolo esperanto
Mas sei, bem sei...
a vontade que resta
do pouco que foi
ainda trinca o dente
ainda cerra o punho
como aperta tua mão.
E mais – só mais isso:
não fujo de Dante
e não temo o barqueiro
o sinistro Caronte
que chamo de irmão

DE ÁGUAS MOLES E DURAS PEDRAS

Como se não bastassem
pais, sacerdotes, sabichões em geral
a nos destilar todo dia
seu largo saber e tanta doutrina
porque viveram mais, pois é – mais
restava ainda ter em conta
a cada dia, instante, situação
aforismos, ditados e quetais
uns com rima, outros sem
mas todos, sem exceção
píncaros da sabedoria,
sumo da esperteza,
moral da história.
Tudo ali de tocaia,
à espreita e a zelar
pelo nosso bem!

Pois é – duros dias
se tratava de esquecer
tanto e tudo aquilo
nem que fosse um instante – aquele
quando cantam sereias nuas
e a miragem da aventura.

De lá pra cá
resta o travo
não passar adiante
ou ao menos hoje não
aquela tralha toda.
Sim, toda, menos isto:
aquilo que, dia afora,
vida adentro, ainda diz:
passarinho que come pedra
sabe o cu que tem.

METEMPSICOSE

Lavador de panos em Tebas
na casa dos mortos
Guerreiro a soldo na Mesopotâmia
Escriba de tripulações no mar Tirreno
e de fenícios no Adriático
Em Avignon perdeu um olho em briga de rua
Viveu pouco em Bruges, morto de febre
Coletor de impostos em Lyon
Vinhateiro em Vila Nova de Gaya
Esmolou em Santiago de Compostela
Na oitava encarnação se aprumou:
é sommelier em Brasília

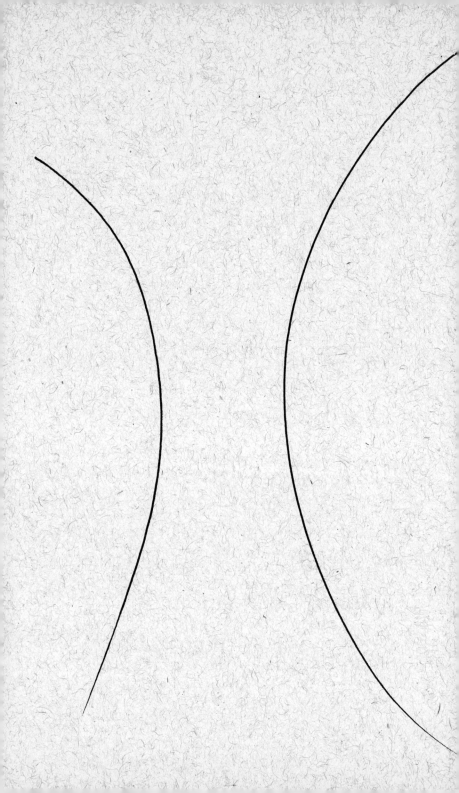

FRANGO

> A Romain Rolland

Rolland queria
bom que era
que a vida valesse
a nossa pena

Pois esta aqui,
bonhomme,
mal vale a pena
deste verso

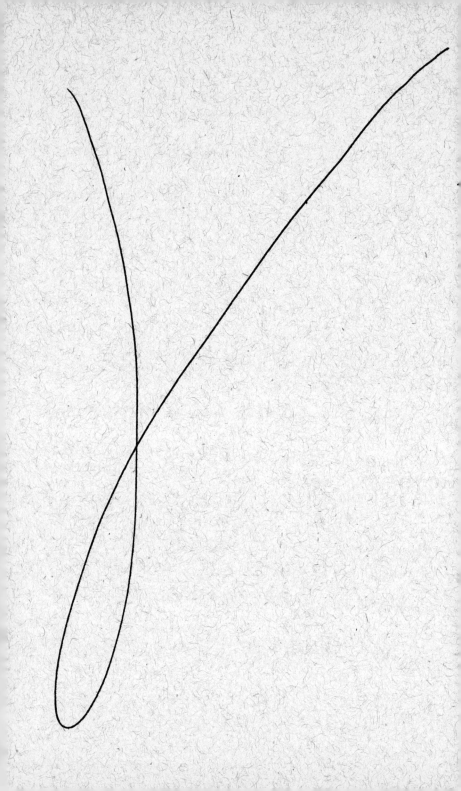

PASSARINHANDO

Sempre me quis
    piamente
passarinho
irmão de pena
que leva o vento
debaixo do braço.
Sonhar alto
a cada instante
reter do vôo
o gesto claro
– o meu trajeto.
E mais ao longe
    lá
o fresco ar
que é só espaço
pro meu desenho

Pois é, passarinho
pára com isso
até eu sei
que isso passa

CAPRI

Amaranto na rocha Neruda
Açucena em fundo infinito
Alcaçuz no cheiro do vento
Aquarela em todos nós

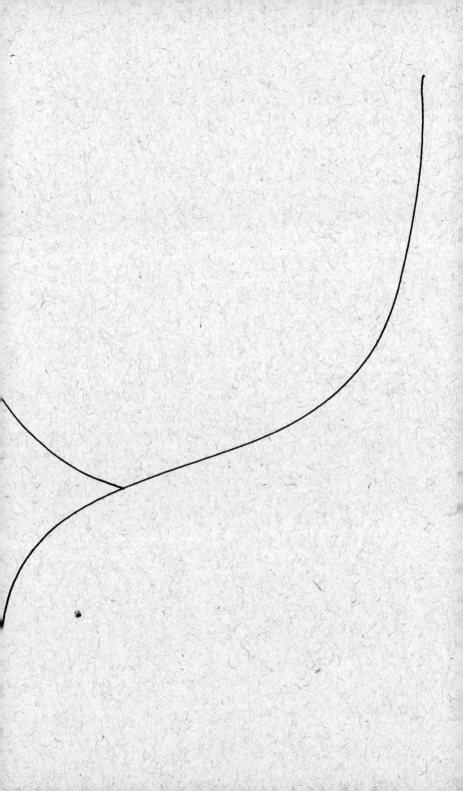

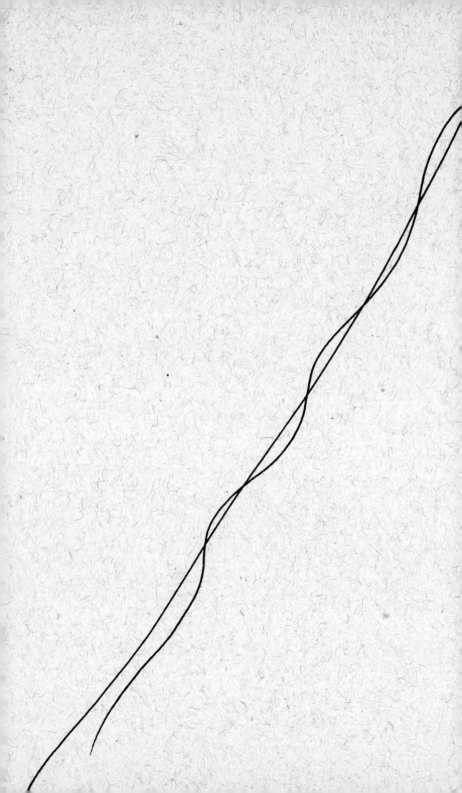

PERFEIÇÃO

Sempre fui
o que não tive
e o que perco
é menos mim

CHUMBO

Bem lembro
pediam nossos documentos
nas ruas, aeroportos, estações
nos revistavam,
prendiam, interrogavam
e às vezes
torturavam e matavam.
Mas só
às vezes

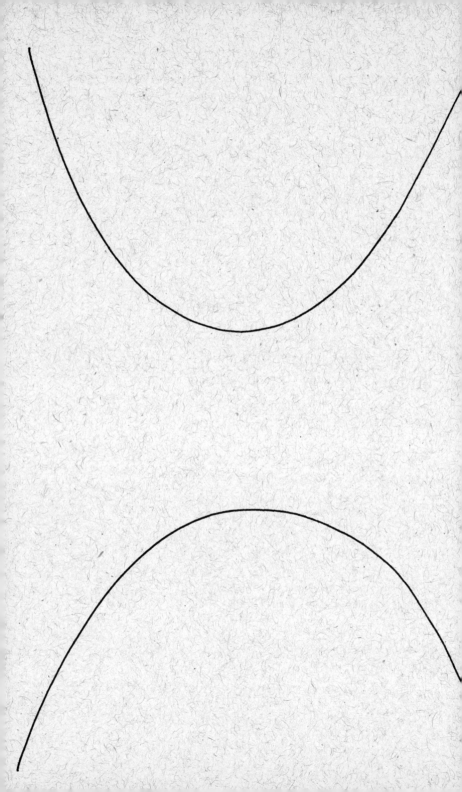

ESPERA

Estranho esse rio
que corre para a foz
onde o velho cansado
e o menino inquieto
zelam seus caniços

Estranho esse rio
leva a terra que lambeu
na fúria das corredeiras
e o grão – inchado de luz
para ir a parte alguma

Estranho esse rio
onde ambos – velho e menino
fingem pescar

LAVRA

Só em mim
noite infinda
nem vertigem
nem descanso
Lá o vão
que ainda cavo
e o negro ralo
do meu verso

TALHO

Sei,
que só meu o buril
que me lasca o olhar

A ILUSTRADORA

Iole de Freitas, mineira de Belo Horizonte, é de 1945.
Vive e trabalha na Itália entre 1970 e 1978. Designer
no estúdio de desenho industrial da Olivetti, em
Milão. Primeiras exposições, durante os anos 70,
ocorrem nas Bienais de Paris de 1975 e de Veneza
de 1978, no Frankfurt Kunstverein, em Frankfurt,
na galeria Maggers, em Bonn, no Palazzo della
Permanente, em Milão, e na Galeria d'Arte Moderna,
em Roma. Volta ao Brasil na década de 1980.
Participa de diversas exposições, inclusive Bienal
de São Paulo [1981 e 1993], Tradição e Cultura,
da Fundação Bienal de São Paulo [1984], e Oxford
Museum of Modern Art [2001]. Foi diretora
do Instituto Nacional de Artes Plásticas e leciona
escultura contemporânea na Escola de Artes Visuais
do Parque Lage, Rio de Janeiro.

ESTA OBRA FOI COMPOSTA POR RAUL LOUREIRO EM ADOBE CASLON
E IMPRESSA PELA RR DONNELLEY EM PAPEL RECICLATO DA COMPANHIA SUZANO
PARA A EDITORA SCHWARCZ EM DEZEMBRO DE 2003